Autosuggestionen für den Alltag
2. Auflage

Der grösste Teil dieses Buches stammt aus Auszügen von bestehenden Büchern anderer Autoren, welche jedoch in den entsprechenden Texten zitiert und angegeben werden. Dieses Buch gibt einen Gesamtzusammenhang mehrerer Bücher, welche hier vernetzt und in kompakter Form so zusammengestellt wurden, damit möglichst effizient mit Autosuggestionen gearbeitet werden kann. Der Vorteil liegt darin, dass Sie als Anwender und Leser nicht unzählige Bücher selber wälzen müssen und so möglichst rasch mit den praktischen Techniken der Autosuggestion ein erfolgreiches Leben haben können. Ich will Ihnen nicht unterstellen, dass Sie dies nicht schon haben, jedoch können Sie mit den Techniken der Autosuggestionen noch mehr erreichen und dies auf allen Ebenen. Sie können sowohl ihr materielles Dasein verbessern, aber auch zwischenmenschliche Angelegenheiten positiv fördern. Ich wünsche Ihnen ganz viel Erfolg mit meinem Buch und viele positive Erlebnisse bei der Anwendung der Autosuggestion.

Der Autor
Marlon A. Jaun

Marlon A. Jaun

Autosuggestionen für den Alltag

Für ein erfolgreiches Leben

Bibliografische Information der Deutschen Nationalbibliothek: Die Deutsche Nationalbibliothek verzeichnet diese Publikation in der Deutschen Nationalbibliografie; detaillierte bibliografische Daten sind im Internet über http://dnb.dnb.de abrufbar.

Illustration: Marlon A. Jaun
Lektorat: Marlon A. Jaun
Umschlagsgestaltung: Marlon A. Jaun
Titelbild: Human head silhouette with focus on the brain (Fotolia_9300718_XS)

2. Auflage

© 2016
Herstellung und Verlag:
BoD – Books on Demand, Norderstedt
ISBN: 9783741292415

Inhaltsverzeichnis

Einleitung	7
Autosuggestionen	10
Verfahren der Autosuggestionen	10
Erinnerungsvermögen wieder herstellen	14
Die Unbeherrschbarkeit besiegen	15
Zur Verbesserung des Lebens	15
Antwort zu einer Frage erhalten	15
Selbstheilungskräfte anregen	16
Völlige Entspanntheit und innere Ruhe	17
Bei unerwünschten Zuständen	17
Bei Rechtsstreitigkeiten	17
Für Reichtum und Erfolg	17
Bei negativen Gedanken	19
Partnersuche	19
Für Harmonie am Arbeitsplatz	19
Bei verhinderter Beförderung	20
Vergebung	20
Überwinden von Lampenfieber	22
Furcht vor Wasser	22
Leitgedanken zum älter werden	22
Buddhistische Weisheiten	24
Das Wissen um Vergänglichkeit	24
Sich der Vergänglichkeit bewusst sein	25
Rechte Rede	26
Dankbarkeit ausdrücken	26
Zuhören statt reden	27
Rechte Handlung	27
Vertrauen schaffen	27
Die innere Haltung	28
Dienen üben	28

Stolz führt zu Leid	28
Rechte Anstrengung	29
Den Geist schützen	30
Rechte Achtsamkeit	31
Körperachtsamkeit	31
Rechte Sammlung	32
Wichtiges zur Meditation	33
Ankommen im Jetzt	33
Meditationsübungen	34
Konzentration als Voraussetzung	34
Tratak	34
Konzentration auf eine Blume	35
Konzentration auf einen Laut	35
Sie können alles erreichen	35
Eine Baslerin in Hollywood	36
Literaturverzeichnis	38

Einleitung

Ihre Denkmuster beeinflussen Ihr Leben, welche über die Zeit entstanden sind. Diese wurden durch verschiedene Quellen synthetisiert, welche durch angepasstes und erlerntes Verhalten entstanden sind. Aus bestimmten Erlebnissen haben Sie Schlussfolgerungen gezogen und daraus ein Verhalten antrainiert. Nicht immer ergeben solche antrainierten Verhalten heute noch einen Sinn, sondern blockieren Sie eher. Diese sind jedoch meist so tief in Ihrem Unterbewusstsein verwurzelt, dass Sie in Ihrem Alltag ohne es unbedingt zu merken, davon beeinflusst werden. Erlerntes Verhalten ist wie wenn ein Computerprogramm programmiert wurde, es läuft selbständig ab ohne immer einen Sinn zu ergeben. Um ein Programm anzupassen muss dieses umprogrammiert werden. Genauso ist es auch mit Ihrem antrainierten Verhalten, auch dieses können Sie umprogrammieren, wenn es heute keinen Sinn mehr ergibt. Eine Computersoftware ist auf einem Datenträger gespeichert, auf welche der Rechner zugreift um daraus logische Verknüpfungen zu erstellen. Bei Ihnen liegt die Software im Unterbewusstsein, auf welche Ihr Gehirn zugreift um ebenfalls logische Verknüpfungen zu erstellen. In der Philosophie oder Geistheilung ist Ihre Seele das Tor zum Kosmos und dem Universum.

Vergleichbar mit einem Computer, kann man Ihr Wesen wie folgt, rein mechanisch beschreiben damit Sie am besten verstehen wie Ihr Unterbewusstsein funktioniert:

Geist (Gesamtes Erscheinungsbild aller Ebenen, Aura)
Seele (Netzwerkzugang zum Kosmos und Universum)
Körper (Hardware)
Bewusstsein (Firewall)
Hirn (Rechner mit Kurz- und Langzeitgedächtnis)
Unterbewusstsein (Festplatte)

Ihre Seele repräsentiert Ihre Denkweise in einer Form, welche aus logischen Verknüpfungen Ihres Bewusstseins, Hirns und Unterbewusstsein zustande kommt. Ihre Seele wiederum ist wie ein Netzwerkzugang zu den anderen Menschen, dem Kosmos und Universum. Durch Ihre Denkweise, wird dieser Netzwerkzugang beeinflusst. Nachdem Sie sich über Ihre Seele im Netzwerk Universum etc. eingeloggt haben, erhalten Sie entsprechende Feedbacks aus dem Netzwerk. Wenn Sie also mehr Glück in Ihrem Leben anziehen wollen, müssen Sie sich im Netzwerk am richtigen Punkt einloggen. Dies können Sie erreichen, wenn Sie Ihre antrainierten Verhaltensmuster, welche im Unterbewusstsein niedergeschriebene Programme sind, löschen, überschreiben oder umprogrammieren. Das Netzwerkfeedback aus dem Kosmos und dem Universum ist in den Religionen auch mit dem Schöpfer, Gott etc. zu vergleichen. Die meisten Gläubigen Beten, dabei verknüpfen Sie sich mit dem Universum und erhalten aus Ihrer Sicht Antworten von Gott. In einer physikalisch technischen Welt, könnte man auch sagen, man erhält Antworten aus der Matrix. Sie persönlich haben auch schöpferische und göttliche Kräfte in sich. Wie bei einem Computernetzwerk ist auch jeder Mensch wie in einer Matrix über die Seele als Knotenpunkt, mit dem Netzwerk und somit mit allen Menschen, Tieren, Pflanzen, Kosmos und Universum verbunden. Was Sie persönlich denken, wird also immer die gesamte Matrix und somit auch die übrige Welt beeinflussen. Sie sind also dazu befähigt Informationen über Ihr Netzwerk zu senden, aber auch Informationen zu empfangen. Ihr Denken sendet also Informationen an das Netzwerk, welches mit einem Feedback, wie bei einem Computernetzwerk beantwortet wird. Wenn Sie also Glück und positives in Ihrem Leben erfahren möchten, sollen Sie auch positive Gedanken pflegen da diese vom Netzwerk direkt mit positiven Antworten beantwortet werden. Da es jedoch falsch programmierte Programme in Ihrem Unterbewusstsein gibt, gelangen auch negative Denkweisen an das Netzwerk, welche wiederum mit negativen Antworten beantwortet werden. Mit dem umprogrammieren Ihres Unterbewusstsein auf positive Denkweisen, erreichen Sie positive Antworten aus dem Netzwerk des Universums. So gesehen können Sie alles erreichen, da Ihnen das Netzwerk gibt was Sie ernsthaft anfragen. Dazu ist es jedoch notwendig die richtigen Programme im Unterbewusstsein abzuspeichern. Ihr Unterbewusstsein können Sie mit Autosuggestionen programmieren, umprogrammieren oder bestehende Programme überschreiben. Es gibt auch das Sprichwort: „So wie man in den Wald schreit kommt es zurück". Wenn Sie also vorwiegend negativ Denken, werden Sie auch negatives anziehen, denn positiv denkende Menschen wollen mit Ihnen nichts zu tun haben. Denken Sie jedoch positiv, werden Sie auch positives anziehen da Sie dies auch ausstrahlen werden. Hier gibt es ein weiteres Sprichwort: „ Gleiches gesinnt sich gern".

Autosuggestionen

Bei der Technik der Autosuggestion werden neutral definierte Affirmationen (Glaubenssätze) in einem Zustand der völligen Entspannung, an das Unterbewusstsein gesendet. Da das Unterbewusstsein nicht logisch denken kann, wird es die Glaubenssätze 1:1 ausführen. Mit dieser Technik können Sie deshalb alles erreichen, was Ihnen bisher vielleicht als unmöglich erschien.

Verfahren der Autosuggestionen

„Zahllose von Psychologen durchgeführte Experimente, darunter auch solche mit Hypnose, beweisen die Unfähigkeit des Unterbewusstseins, einen rationalen Denkprozess zu vollziehen, da es weder auswählen noch vergleichen kann. Hat es deshalb einmal eine Suggestion als vorgegebene Tatsache angenommen, wird es in Übereinstimmung mit deren Inhalt reagieren. Für einen geübten Hypnotiseur ist es einfach, die Beeinflussbarkeit des Unterbewusstseins zu beweisen, denn er braucht der Testperson nur zu suggerieren, sie sei Napoleon, Bonaparte, eine Katze oder ein Hund – und der Betreffende wird die jeweilige Rolle äusserst real verkörpern. Im hypnotisierten Zustand tritt eine Veränderung der Persönlichkeit ein, sodass sich die Testperson mit der suggerierten Gestalt und deren Lebensform identifiziert."

„Das Unterbewusstsein ist nicht fähig, Tatsachen zu bewerten. Falls Sie deshalb Ihrem Unterbewusstsein etwas objektives Falsches suggerieren, wird es diese Suggestion trotzdem als wahr akzeptieren und sie über kurz oder lang als Lebensumstand, Ereignis oder Erfahrung verwirklichen. Alle Ihre bisherigen Erlebnisse waren die Reaktion Ihres Unterbewusstseins auf Gedanken, von deren Richtigkeit Sie überzeugt waren."

„Unter Autosuggestion versteht man die Selbstbeeinflussung durch ganz bestimmte und gezielte Gedanken oder Vorstellungen. Herbert Parkyn berichtet in seinem Lehrbuch über die Autosuggestion vom nachfolgend besonders deutlichen Vorfall: >>Ein New Yorker war nach Chicago geflogen und hatte vergessen, dort seine Uhr um eine Stunde zurückzustellen, wie es die unterschiedlichen Zeitzonen verlangt hätten. Ein Geschäftsfreund bat ihn um die genaue Uhrzeit, und kaum hörte dieser, die Mittagszeit sei schon überschritten, überfiel ihn plötzlich ein Heisshunger, obwohl ihn noch eine ganze Stunde von seiner Essenszeit trennte.<<"

„Ihr Unterbewusstsein macht keine Pausen. Es ist immer aktiv und bereit. Sie können sich selbst von der wunderbaren Macht Ihres Unterbewusstseins überzeugen, indem Sie ihm unmittelbar vor dem Einschlafen eine ganz bestimmte Aufgabe stellen. Sie werden sehen, dass dieser Entschluss innere Kräfte freisetzt, die das gewünschte Ergebnis bringen. Hier liegt die Quelle von Macht und Wissen, die Ihnen Zugang zu eben jener Energie schafft, die die Welt bewegt."

„Unser Unterbewusstsein ist völlig unabhängig von jedem bewussten Antrieb Tag und Nacht ununterbrochen tätig. Es baut Ihren Körper auf und erhält ihn, ohne dass Sie diesen lautlosen Vorgang wahrnehmen. Das ist auch nicht nötig, denn Sie haben es ja auf bewusster Ebene nicht mit dem Unterbewusstsein, sondern mit Ihrem Bewusstsein zu tun. Ihr Bewusstsein müssen Sie also zunächst davon überzeugen, dass Sie ausschliesslich das Beste erwartet, wenn Sie Ihre Gedanken nur noch auf das Positive, Schöne und Gute richten. Stellen Sie Ihr bewusstes Denken auf eine ausschliesslich positive Grundlage, in der festen Überzeugung, dass Ihr Unterbewusstsein ununterbrochen damit beschäftigt ist, Ihre Gedanken zu verwirklichen." (Dr.Joseph Murphy 1962: S. 42, 44, 47, 48, 61, 69)

Um Ihr Unterbewusstsein umzuprogrammieren, müssen Affirmationen „Leitsätze" entwickelt werden, bei welchen das Bewusstsein als Verstand und Firewall keinen Widerspruch leisten kann. Wenn Sie zum Beispiel sagen: "Ich bin Reich." könnte Ihr Bewusstsein diesen Leitsatz blockieren, indem er diesen Gedanken verneint, mit der logischen Verknüpfung: „Ich bin nicht reich, stimmt nicht!" und so den Satz nicht an das Unterbewusstsein weitergibt. Wenn Sie den Leitsatz jedoch umbenennen in: „Erfolg und Reichtum" als neutrale Affirmation, kann Ihr Bewusstsein nicht widersprechen. Stellen Sie sich einfach z.B. bildlich Erfolg und Reichtum vor. Ihr Bewusstsein ist wie ein Filter, welcher Affirmationen blockieren kann. Wenn Sie diese neutral formulieren, kann der Verstand nicht wiedersprechen. So gelangen die Affirmationen auch an Ihr Unterbewusstsein, wo es für Sie wirken kann.

Die Verbindung zwischen Bewusstsein und Unterbewusstsein funktioniert am besten kurz vor dem Einschlafen oder dem Aufwachen, da zu diesen Zeitpunkten Ihr Verstand Autosuggestionen weniger blockiert und diese so noch viel besser an das Unterbewusstsein gelangen können. Eine andere Methode um Autosuggestionen an das Unterbewusstsein zu senden, ist die Hypnose oder eine vorgängige Entspannungsübung wie Mediation etc.

In den nachfolgenden Kapiteln finden Sie Affirmationen welche für die Programmierung Ihres Unterbewusstseins geeignet sind. Wiederholen Sie diese kurz vor dem Schlafen, kurz nach dem Aufwachen oder durch den Tag hindurch nachdem Sie sich innerlich absolut entspannt haben, **immer wieder und mehrmals hintereinander**. Weiter finden Sie auch Leitsätze, welche Sie in Ihrem positiven Denken unterstützen werden. Einfache Meditationsübungen helfen ihnen sich zu entspannen, bevor Sie die Technik der Autosuggestion anwenden. Einige einfache Übungen finden Sie in diesem Buch gemäss Inhaltsverzeichnis. Ein entspannter Körper und Geist erleichtert die Transformation von Glaubenssätzen an ihr Unterbewusstsein.

→ **Affirmationen (Glaubenssätze) für die Autosuggestionen sind in diesem Buch mit einem grünen Pfeil gekennzeichnet.**

Erinnerungsvermögen wieder herstellen

→ „Von heute an schärft sich mein Erinnerungsvermögen in jeder Hinsicht. Ich werde mir jederzeit und überall was immer ich auch will ins Gedächtnis zurückrufen können. Meine Sinneseindrücke werden sich klarer und dauerhafter einprägen. Ich werde alles ganz einfach und von selbst im Gedächtnis behalten. Woran ich mich auch erinnern will, ich werde es sofort und scharf umrissen vor mir sehen. Ich mache Tag für Tag beträchtliche Fortschritte, und bald wird mein Gedächtnis besser sein als je zuvor". (Dr.Joseph Murphy 1962: S. 49)

Stellen Sie sich bei allen ihren Autosuggestionen die Situationen bildlich so vor, als wären Sie bereits eingetreten. Das Unterbewusstsein ist sehr empfänglich für Bilder.

Die Unbeherrschbarkeit besiegen

→ „Von nun an werde ich beherrschter und besser gelaunt sein. Freundlichkeit und Fröhlichkeit beherrschen jetzt meine Gedanken. Mit jedem Tag begegne ich meinen Mitmenschen mit grösserer Verständnisbereitschaft und Liebe. Mein Wohlwollen und meine gute Laune werden sich meiner ganzen Umgebung mitteilen. Diese glückliche, freudige und frohe Stimmung wird nun der Normalzustand meines Geistes. Ich bin dafür zutiefst dankbar." (Dr.Joseph Murphy 1962: S. 50)

Zur Verbesserung des Lebens

→ „Das Wissen meines Unterbewusstseins lenkt mich in allem. Ich bin völlig gesund und ausgeglichen. Mein Leben ist voller Schönheit, Liebe und Wohlstand. Ich handle im Einklang mit den Prinzipien menschlichen Zusammenseins. Ich weiss, dass diese Voraussetzung auf den festen Prinzipien des Gebens begründet ist, und ebenso weiss, fühle und glaube ich, dass mein Unterbewusstsein zuverlässig und bis ins Detail mein bewusstes Denken verwirklicht." (Dr.Joseph Murphy 1962: S. 55)

Antwort zu einer Frage erhalten

→ „Mein Unterbewusstsein kennt die Antwort. Es reagiert jetzt auf meine Frage. Ich bin dankbar für das Wissen meines Unterbewusstseins, das ihm alle Dimensionen des Problems aufzeigt und mir die beste Lösung eingibt. Meine feste Überzeugung setzt die starke, effektive und fantastische Macht meines Unterbewusstseins frei. Ich bin froh und dankbar!" (Dr.Joseph Murphy 1962: S. 57)

Selbstheilungskräfte anregen

→ „Mein Körper wurde von dem grossen Wissen meines Unterbewusstseins geschaffen, das mich auch heilen kann, seine Weisheit formte meine Organe, Gewebe, Muskeln und Knochen. Dieselbe grosse und heilende Kraft in meinem Inneren ist nun dabei, jede Zelle, jedes Atom meines Organismus zu verwandeln und mich schnellstens wieder gesund zu machen. Ich bin dafür dankbar, denn ich weiss, dass ich auf dem Weg zur Besserung bin. Die Werke meiner schöpferischen Weisheit sind wunderbar." (Dr.Joseph Murphy 1962: S. 66, 67)

→ „Die Vollkommenheit Gottes findet nun Ausdruck durch meinen Körper. Die Vorstellung völliger Gesundheit füllt jetzt mein Unterbewusstsein. Gott schuf mich nach einem vollkommenen Bild, und mein Unterbewusstsein schafft nun meinen Körper von neuem – in völliger Übereinstimmung mit dem vollkommenen Bild im Sinne Gottes". (Dr.Joseph Murphy 1962: S. 72)

→ „Jede Zelle, jeder Nerv, jedes Gewebe und jeder Muskel meiner Lunge wird in diesem Augenblick von aller Krankheit geheilt. Die Gesundheit und das Gleichgewicht meines Organismus werden wieder völlig hergestellt." (Dr.Joseph Murphy 1962: S. 98)

→ „Ich bin völlig gesund, stark, mächtig, voll Liebe, Harmonie und Glück." (Dr.Joseph Murphy 1962: S. 130)

Völlige Entspanntheit und innere Ruhe

→ „Meine Füsse sind entspannt, meine Knöchel sind entspannt, meine Beine sind entspannt, mein Kopf ist entspannt, ich bin völlig entspannt." (Dr.Joseph Murphy 1962: S. 72)

Das Fundament des Glücks ist innere Ruhe (vgl. Dr.Joseph Murphy 1962: S. 228).

Bei unerwünschten Zuständen

→ „Gottes Wille schafft Ordnung." (Dr.Joseph Murphy 1962: S. 111)

Bei Rechtsstreitigkeiten

→ „Die Angelegenheit hat eine allseits befriedigende Lösung gefunden und konnte auf gütliche Weise aussergerichtlich bereinigt werden." (Dr.Joseph Murphy 1962: S. 139)

Für Reichtum und Erfolg

→ „Reichtum Erfolg" (Dr.Joseph Murphy 1962: S. 143)

→ „Tag und Nacht werde ich in jeder Beziehung in Wohlstand leben." (Dr.Joseph Murphy 1962: S. 158)

→ „Reichtum und Wohlstand kommen von allen Seiten zu mir." (Dr.Joseph Murphy 1962: S. 161)

→ „Mein Unterbewusstsein wacht über alle meine finanziellen Transaktionen und gibt mir die richtige Entscheidung ein, sodass alle meine Unternehmungen Gewinn abwerfen." (Dr.Joseph Murphy 1962: S. 161)

Das Unterbewusstsein ist der Schlüssel zum Erfolg, d.h. Reichtum ist nichts anderes als eine unterbewusste Überzeugung und eine Frage des Geistes. Wer sich reich fühlt, wird reich. Meist hat Armut und Mangel im Leben vieler Menschen, Ihre Ursache im Neid. Freuen Sie sich zukünftig über den Erfolg von anderen und denken Sie, dass es fabelhaft ist. Wünschen Sie Ihnen, dass Ihr Wohlstand von Tag zu Tag wächst. Ein Grund, dass viele Menschen nur gerade so über die Runden kommen liegt daran, dass Sie Geld verurteilen und schlecht über Geld denken. Was man verurteilt fliegt irgendwann davon (vgl. Dr. Joseph Murpy 1962: S. 141-143, 147-148, 180).

In der Bibel steht „<<Richtet nicht, damit ihr nicht gerichtet werdet. Denn mit dem Urteil, mit dem ihr richtet, werdet ihr gerichtet werden, und mit dem Mass, mit dem ihr messt, wird euch zugemessen werden (Matthäus 7, 1-2)>>." (Dr.Joseph Murphy 1962: S. 236)

Bei negativen Gedanken

→ „Bei Tag und Nacht werde ich in jeder Beziehung gefördert". (Dr.Joseph Murphy 1962: S. 146)

Partnersuche

→ „Ich präge mir die Wesenszüge des Mannes ein, nach dem ich mich sehne. Mein idealer Gefährte ist eine starke und originelle Persönlichkeit. Er ist männlich – liebevoll, initiativ, ehrlich, loyal und treu. Bei mir findet er Liebe und Glück. Ich weiss, er begehrt mich, und ich begehre ihn. Ich bin ehrlich, aufrichtig, liebevoll und gütig. Ich habe ihm viel Schönes zu schenken: meinen besten Willen und ein frohes Herz. Das Gleiche schenkt auch er mir; alles ist gegenseitig, ich gebe und empfange. Mein Unterbewusstsein kennt diesen Mann und weiss, wo er ist. Er führt uns zusammen, und wir erkennen einander sofort. Ich vertraue meinem Unterbewusstsein. Ich danke schon jetzt von ganzem Herzen für diese Lösung!"
(Dr.Joseph Murphy 1962: S. 211)

Diese Affirmation kann selbstverständlich angepasst werden, wenn ein Mann eine Frau sucht.

Für Harmonie am Arbeitsplatz

→ „Ich denke, spreche und handle voller Liebe, Ruhe und Ausgeglichenheit. Von nun an begegne ich allen Mitarbeiterinnen, die mich kritisieren und über mich klatschen, mit Sympathie, Verständnisbereitschaft und Güte. Mein Denken konzentriert sich ausschliesslich auf innere und äussere Ausgeglichenheit, auf

Verständnisbereitschaft und Güte. Sobald ich mich zu einer negativen Reaktion versucht fühle, rufe ich mich zur Ordnung – nach dem Grundsatz: <<ich werde immer und überall auf der Grundlage des mir innewohnenden Prinzips der Harmonie, der Gesundheit und des Friedens denken, sprechen und handeln>>. Mein Unterbewusstsein führt und leitet mich." (Dr.Joseph Murphy 1962: S. 239)

Bei verhinderter Beförderung

Als Beispiel wenn ein Vorgesetzter den Verkaufsleiter bevorzugt behandelt und Ihre Leistung nicht anerkennt.

→ „Ich schaffe meine eigene Welt. Ich allein entscheide und bin dafür verantwortlich, was ich über meinen Vorgesetzten denke. Ich kann dem Verkaufsleiter nicht meine eigenen Denkmuster zum Vorwurf machen. Hiermit spreche ich jedem Menschen, jedem Ort, jedem Ding, jedem Umstand das Recht und die Macht ab, mich irgendwie innerlich zu treffen. Ich wünsche meinem Vorgesetzten Gesundheit, Erfolg, Zufriedenheit und Glück. Ich wünsche Ihnen alles Gute." (Dr.Joseph Murphy 1962: S. 241)

Vergebung

→ „Ich verzeihe (nennen Sie hier den Namen des Betreffenden) voll und ganz. Ich bin frei von Bitterkeit. Ich verzeihe ohne jede Einschränkung alles, was mir in jenem Zusammenhang geschehen ist. Ich bin befreit, und er (oder Sie) ist befreit. Es ist ein herrliches Gefühl! Heute ist der Tag einer Generalamnesie. Ich wünsche ihm (oder ihr) und allen Mitmenschen Gesundheit, Glück und Zufriedenheit. Ich tue dies voll Freude und Liebe, und sobald mir von nun an der Name eines Menschen in den Sinn kommt, der mich geschädigt hat, sage ich: <<Du bist frei von aller Schuld!>> ich bin frei, und du bist frei. Mögen wir alle in Glück und Freude leben!" (Dr.Joseph Murphy 1962: S. 256-257)

Sobald negative Gefühle zu einem Menschen auftauchen, kann folgende Suggestion angewendet werden.

→ „Friede sei mit Dir." (Dr.Joseph Murphy 1962: S. 257)

Liebe ist der Schlüssel zu guten Beziehungen und Frieden im Leben und bedeutet Wohlwollen und Respekt vor der Göttlichkeit der anderen. Erlauben Sie niemandem Sie auszunutzen oder zu schikanieren, egal auf welche Art. Erlangen Sie emotionale Reife und erlauben Sie anderen Menschen, das Recht auf andere Meinungen. Das Recht auf eine andere Meinung haben Sie jedoch auch. Man kann unterschiedlicher Meinung sein und dabei freundlich bleiben. Vergebung heisst, anderen von Herzen zu wünschen, was man sich für sich selbst wünscht, wie Harmonie, Frieden und all die Segnungen des Lebens (vgl. Dr.Joseph Murphy 1962: S. 242, 245, 248-249).

Überwinden von Lampenfieber

Zum Beispiel wenn eine Lehrerin Lampenfieber vor dem Malunterricht hat, vor welcher Sie unterrichten soll. In der Klasse sitzt die Tochter der Lehrerin.

→ „Ich bin eine begabte Malerin und ich kann meine Fähigkeiten mit anderen teilen, sodass diese Sie bewundern und sogar lernen können. Ich fürchte mich nicht davor, darüber vor einer Gruppe zu sprechen. Ich werde darüber in der Klasse meiner Tochter sogar vor anderen Gruppen berichten." (Dr.Joseph Murphy 1962: S. 281)

Furcht vor Wasser

→ Zum Wasser gehen und laut und deutlich sagen: „Ich bin stärker als du." (Dr.Joseph Murphy 1962: S. 283)

Kann auch bei anderen Ängsten wie zum Beispiel einer Spinnenphobie und ähnlichem angewendet werden.

Leitgedanken zum älter werden

Heissen Sie jede Veränderung willkommen. Jeder Mensch ist so jung wie seine Denkweise. Ihr Alter ist ein Gewinn. Seien Sie dabei so alt, wie Sie wirklich sind. Anstatt zu sagen: „Ich bin alt", sagen Sie: „Im Hinblick auf das Göttliche Leben bin ich weise." Ihr Geist altert nicht. Man ist so alt, wie man sich fühlt und wie man denkt (vgl. Dr.Joseph Murphy 1962: S. 297, 299, 300, 301, 303, 307)

„[...] Der Geist bestimmt den Zustand des Körpers, genau wie die Fantasie des Architekten, des Designers und des Bildhauers die Materie formt. George Bernhard Shaw war mit 90 Jahren noch unermüdlich tätig, sein Genie war unverwüstlich.

Immer wieder hört man, dass Stellensuchende von manchen Arbeitgebern abgewiesen, ja geradezu vor die Tür gesetzt werden, sobald diese hören, dass sie älter als 40 sind. Diese Einstellung ist nicht nur gefühllos, verabscheuungswürdig, mitleid- und verständnislos; sie ist schlichtweg dumm. Eine solche, offensichtlich nur auf die Generation unter 35 setzende Denkweise erweist sich als äussert oberflächlich. Würde ein solcher Arbeitgeber nur einen Augenblick nachdenken, so müsste er einsehen, dass ja die Stellensuchenden nicht etwa ihr Alter oder graues Haar anzubieten haben, sondern bereit sind, die Fertigkeiten, Erfahrungen und das Wissen zur Verfügung zu stellen, die sie durch viele Jahre hindurch gesammelt haben.

Falls Sie bereits zu den älteren Angestellten zählen, so ist gerade Ihr Alter ein wichtiger Gewinn für jedes Unternehmen. Graue Haare sollten besser als Symptom für Souveränität, Weisheit, Geschicklichkeit, Erfahrung und Verständnis gewertet werden. Emotionale und geistige Reife ist ein zusätzlicher Nutzen für jeden Arbeitgeber.

Niemand sollte in Pension gehen müssen, nur weil er 65 Jahre alt ist. Gerade in diesem Alter bietet man die idealen Voraussetzungen zum Beispiel für einen Personalchef oder um Dispositionen und Entscheidungen zu treffen, kurz gesagt, um jüngere Mitarbeiter die Erkenntnisse langjähriger Erfahrungen mitteilen zu können und sie in das konstruktive Denken einzuführen. (Dr.Joseph Murphy 1962: S. 300)

Buddhistische Weisheiten

Buddhistische Glaubenssätze und Denkweisen unterstützen Sie in ihrer positiven Denkweise. Durch positives Denken werden Sie positives in Ihrem Leben wie ein Magnet anziehen.

Das Wissen um Vergänglichkeit

[...] Uns muss bewusst sein, dass alle unsere Handlungen immer auch eine Auswirkung auf uns und unser Umfeld haben. Wenn wir erkennen, welche unserer Handlungen zu Glück und welche zu Leid führen, kommen wir der heilsamen Selbstheilung schon einen grossen Schritt näher. Wenn wir dann auch noch berücksichtigen, dass sich alles in unserem Leben wandelt und der Vergänglichkeit unterliegt, können wir eine innere Haltung der Offenheit, des Nicht-Anhaftens an den Dingen kultivieren.

Was auch immer geschieht, wir brauchen in der Regel nur abzuwarten und dem Prozess der Wandlung zuzuschauen.

In unangenehmen Situationen können wir uns, statt uns in hoch emotionale Kämpfe zu verstricken, einfach entspannen. Denn wir brauchen nichts weiter zu tun, als sie sich selbst zu überlassen. Früher oder später wird schliesslich auch die schwierigste Situation vorbeigehen. […] Gelassenheit bezeichnet den geistigen Zustand, wenn wir etwas bleiben lassen und auch nicht mehr von Neuem aufnehmen: wir lösen uns durch diese Entsagung nach und nach von all unseren emotionalen Verstrickungen, aus unseren Dramen und Vorstellungen davon, wer wir sind- und aus allen damit einhergehenden Prozessen von Selbstschutz, Wundenlecken, Verteidigung und Angriff – schlicht: aus unserem kompletten Leid- und Dramaprozess." (Maren Schneider 2014: S. 57, 59)

Sich der Vergänglichkeit bewusst sein

„Nichts ist beständig. Alles hat seine Zeit. Vieles braucht unseren Einsatz, damit es uns noch eine Weile erhalten bleibt, sei es Ihr Job, Ihr Auto oder Ihre Beziehung, die ohne Wertschätzung und Pflege den Bach hinuntergehen würden. Aber was auch immer Sie investieren, irgendwann werden Sie in Rente oder Pension gehen, wird Ihr Auto auf dem Schrottplatz landen und Ihre Beziehung enden- und sei es durch den Tod.

Wenn uns bewusst ist, dass alles vergänglich und endlich ist, schätzen wir einerseits das, was wir haben, viel mehr.

So gelingt es uns vielleicht öfter, wirklich den aktuellen Augenblick ohne Wenn und Aber zu geniessen. Andererseits kultivieren wir in diesem Bewusstsein

weiter unsere innere Haltung des Loslassens, der Offenheit, des Fliessenlassens aller Phänomene. [...]"
(Maren Schneider 2014: S. 60, 61)

Rechte Rede

„Mit Warten können wir gleichermassen Leid wie Freude bewirken – je nachdem, wie wir Sie einsetzen. Es gilt also, uns bewusst zu werden, wie wir sprechen und eine heilsame Form der Rede zu finden."

Es geht darum, „Verantwortung zu übernehmen, indem Sie sich, anstatt nur zu schimpfen, um eine für beide Seiten stimmige Lösung bemühen und auch mal eine versöhnlichere Sichtweise vertreten als Ihr Gegenüber. Es bedeutet auch, sich von Kantinen-Lästereien fernzuhalten, der mies gelaunten Kollegin freundlich einen guten Morgen zu wünschen oder auch ein sich aufschaukelndes Streitgespräch höflich, aber bestimmt zu beenden. Es besagt, sich darüber klar zu werden, was die eigenen Worte und unterschiedlichen Tonlagen auslösen. (Maren Schneider 2014: S. 67, 68)

Dankbarkeit ausdrücken

„Wenn wir hauptsächlich über das sprechen, was wir nicht wollen, was wir nicht gut finden, was nicht funktioniert, was fehlt, nehmen wir irgendwann nur noch die Missstände wahr. [...] Reden wir viel über unangenehmes, so verstärkt sich die Wahrnehmung des unangenehmen. Es wird also nicht besser, je mehr Sie darüber sprechen, ganz im Gegenteil, es verstärkt nur das Leid- so kann aus einer Mücke gleich ein Mamut werden." (Maren Schneider 2014: S. 69)

Zuhören statt reden

„Zur rechten Rede gehört auch, unserem Gesprächspartner einfach nur zuzuhören und nicht schon, während er noch spricht, darüber nachzudenken, was wir jetzt kluges beitragen könnten, oder ihn gleich mit diversen Ratschlägen zu bombardieren." (Maren Schneider 2014: S. 71)

Rechte Handlung

„[…] Ist das, was wir tun, heilsam und fügt möglichst niemandem Schaden zu? Achten wir darauf, auch uns selbst kein Leid zuzufügen?" (Maren Schneider 2014: S. 79)

Vertrauen schaffen

„Heilsame Handlungen zu kultivieren ist ein Akt der Liebe, der Grosszügigkeit und des Mitgefühls. Mit der Zeit erscheint uns unser Leben freudvoller und sinnvoller. Es entstehen mehr Verbundenheit und Vertrauen, die wiederum auf unser Umfeld abfärben. In dem Masse, wie wir uns konsequent bemühen, heilsam zu handeln und unheilsames zu unterlassen, entwickeln wir innere Stärke. So werden wir auch für andere Vertrauenswürdig. Ganz gleich, wie viele heilige Worte du liest, ganz gleich, wie viele du sprichst – was für einen Wert haben sie für dich, wenn du nicht nach ihnen handelst?" (Maren Schneider 2014: S. 80)

Die innere Haltung

„Im buddhistischen Alltag wird alles zu buddhistischen Praxis. Ob Sie meditieren, putzen oder ein Auto reparieren, es macht keinen Unterschied. Der Unterschied zu einem gewöhnlichen Alltag besteht ausschliesslich in Ihrer inneren Haltung. Wenn Sie alles, was Sie tun, mit Liebe und zum Wohle aller ausführen, wird aus der einfachsten Bürotätigkeit in einem stillen Kämmerlein eine heilsame Handlung. Denn alles ist unweigerlich miteinander verbunden! Unterschätze niemals die kleine gute Tat, indem ihr glaubt, sie würde nicht viel helfen, denn Wassertropfen können einer nach dem anderen im Lauf der Zeit selbst einen grossen Topf anfüllen. Patrul Rinponche" (Maren Schneider 2014: S. 90)

Dienen üben

„Wo auch immer wir arbeiten: Indem wir die Dinge unseres täglichen Lebens in einer Haltung von Grosszügigkeit und Fürsorge tun, dienen wir einander. Dieses Dienen hat nichts unterwürfiges. Es ist vielmehr ein Akt der Liebe und Fürsorglichkeit. Es löst uns aus unserem Ich-Stolz, der uns in unserem engen Ich-Kosmos gefangen hält und alles als Bedrohung oder Belastung ansieht, was unsere Kraft, Ruhe und Person schädigen könnte." (Maren Schneider 2014: S. 94)

Stolz führt zu Leid

„Stolz ist eines der grössten Hindernisse auf dem Weg zur Befreiung von Leid. Diese „ich-bin-wichtiger-Haltung" sorgt dafür, dass wir uns nur um uns selbst drehen. Aus Stolz verschliessen wir uns vor anderen, greifen Sie an oder trampeln auf deren Leistungen herum. Kurz: Wir tun anderen weh, nur um irgendwie gut dazustehen. Dabei fügen wir uns mit diesem Verhalten mindestens ebenso viel Leid zu. […]" (Maren Schneider 2014: S. 95)

Rechte Anstrengung

„Im Alltag passiert es ganz schnell, dass wir wieder in unsere alten destruktiven Gewohnheiten zurückfallen. Durch die rechte Anstrengung bemühen wir uns jedoch immer wieder, auf den Pfad Buddhas zurückzufinden. […] Störgefühle können Hindernisse auf dem Weg sein, weil Sie uns ganz schnell destruktiv agieren lassen. Das nennt man im buddhistischen Fachterminus <<emotionale Verblendung>>. […] Wir können lernen, geschickt mit den Hindernissen umzugehen, indem wir

1. Uns grundsätzlich bemühen, uns so gut wie möglich davor zu schützen, in unheilsame Zustände wie Wut, Angst oder Verlangen zu kommen […]
2. Die Situation nicht weiter eskalieren lassen, wenn wir bereits wütend, ängstlich oder gierig sind, sondern uns bemühen, uns wieder zu beruhigen […]
3. In uns Qualitäten wie Liebe, Mitgefühl, Weisheit, Geduld, Offenheit sowie Grosszügigkeit entwickeln und sie als Gegenmittel anwenden […]

4. Die Qualitäten, die schon in uns vorhanden sind, weiter stärken und alles unterlassen, was sie schwächt.

Was passiert bei emotionaler Verblendung? Wenn wir zornig oder ängstlich sind, ist dies darauf zurückzuführen, dass uns gerade Stresshormone durchfluten. Diese Hormone verändern die Wahrnehmung sowie das Denken und lassen Situationen bedrohlicher erscheinen, als sie tatsächlich sind. Gleichzeitig veranlassen Stresshormone in uns einen natürliche Angriffs- oder Fluchtaktivität. Wenn die Hormone abgebaut sind, sieht alles meist wieder freundlicher aus. […] Um auf dem Pfad Buddhas zu bleiben, ist es wichtig, dass Sie sich Ihrer emotionalen Regungen bewusst werden und mit Ihnen umgehen lernen." (Maren Schneider 2014: S. 99-102)

Den Geist schützen

„Um aus destruktiven geistigen Gewohnheiten heilsame werden zu lassen, müssen wir unserem Geist viel Aufmerksamkeit und Pflege gönnen, denn es gibt vieles, was uns vom [.] Pfad abbringen kann. Gerade am Anfang des Weges kann es helfen, wenn wir uns in gewisser Weise selbst schützen. Konkret bedeutet dies, dass wir uns von Situationen und Personen fernhalten, von denen wir wissen, dass Sie uns überfordern oder einen negativen Einfluss auf unsere Übungspraxis haben. Alkohol oder Drogen würden beispielsweise Ihre Selbststeuerung gefährden. Ballerspiele am PC, aber auch Mobbing-Intrigen und Hetze gegen andere würden zerstörerische Eindrücke in Ihrem Geist hinterlassen. Vielleicht gibt es ja auch Personen in Ihrem Umfeld, die zum Beispiel gern viel Alkohol trinken, die schnell Streit provozieren oder die Fremd gehen normal ist. Solche Menschen sind sicherlich nicht der ideale Umgang, den Sie lenken Sie von einem heilsamen Lebensstile ab. […] Wer sich darum bemüht Erleuchtung zu erlangen, muss darauf gefasst sein, schrecklichen Hindernissen zu begegnen: dem Zorn, der Begierde, der geistigen Verwirrung, dem Stolz und der Eifersucht." (Maren Schneider 2014: S. 107)

Rechte Achtsamkeit

Es geht darum in jedem Moment ganz in unserem Leben anwesend zu sein, statt uns in Zukunftsszenarien oder Erinnerungen an die Vergangenheit zu verlieren. Annehmen was ist. (vgl. Maren Schneider 2014: S. 111)

Körperachtsamkeit

„Ihr Körper ist ein hoch kompliziertes und sehr wertvolles Werkzeug, das Sie durchs ganze Leben trägt. Wenn nur ein Vorgang in ihm aus dem Gleichgewicht kommt, verändert sich auch Ihre Fähigkeit, in der Welt zu wirken. Es braucht sich nur eine Kleinigkeit in Ihrem Vitamin- oder Wasserhaushalt zu verändern und schon können Sie sich nicht mehr konzentrieren, Ihnen wird schwindelig, Sie werden unleidlich, verstehen manches falsch und streiten dadurch mehr. Wenn wir uns ständig Stress aussetzen, Genussmittel zu uns nehmen und viel zu wenig auf die Bedürfnisse unseres Körpers achten, werden wir auf Dauer krank. Das Leid, das damit verbunden ist, betrifft nicht nur Sie selbst, sondern auch alle in Ihrem Umfeld, die sich kümmern oder Ihre Arbeit übernehmen müssen, wenn Sie ausfallen. Ihr Körper ist auch Ihr Barometer. Denn er reagiert unglaublich schnell auf Situationen. Er zeigt Ihnen allein schon durch einen veränderten Muskeltonus (An- oder Entspannung), ob etwas heilsam oder potenziell schädlich ist. Wenn Sie sich in Körperachtsamkeit üben, werden Sie schneller mitbekommen, was los ist, und rechtzeitig heilsam intervenieren können. So gelingt es Ihnen, Stressreaktionen zu reduzieren und Sie beugen ernsthafteren Krankheiten vor." (Maren Schneider 2014: S. 113)

Rechte Sammlung

„Sammlung bedeutet, dass wir in der Lage sind, unsere Aufmerksamkeit bewusst auf ein Objekt oder eine Aufgabe zu konzentrieren. Mithilfe von Meditation kultivieren wir diese wichtige Fähigkeit in uns. [...] Lerne den Augenblick zu ergreifen! Schleiche dich nicht davon, fliehe nicht in die Wohngebilde der Vergangenheit oder der Zukunft. Sammle deinen Geist dort, wo du bist, mit einem für den Augenblick geschärften Bewusstsein. Dort ist es, wo wir sind. Es gibt keinen anderen Ort als hier. Drupka Rinponche" (Maren Schneider 2014: S. 129, 131)

Wichtiges zur Meditation

„Ihr geistiger Zustand in der Meditation sollte wach und klar sein. Viele, die mit Meditation anfangen, haben zu Beginn mit Müdigkeit zu kämpfen, da der Organismus nicht gewohnt ist, sich zu entspannen und dabei wach zu bleiben.

Halten Sie daher die Übungszeit am Anfang Kurz, Üben Sie zu einer Tageszeit, zu der Sie generell eher wach sind, und lassen Sie (wenn möglich) die Augen geöffnet.

Da sich das Zeitgefühl in der Meditation auflöst, stellen Sie sich besser einen Wecker. Damit Sie regelmässig üben, tragen Sie Ihre Meditationszeit in Ihrem Kalender ein und planen alle anderen Aktivitäten drum herum. Dann wird diese Zeit sicher bald zu Ihrem normalen Tagesablauf gehören." (Maren Schneider 2014: S. 134)

Ankommen im Jetzt

„In dem Moment, indem Sie sich ganz auf das JETZT einlassen, gibt es für diesen einen Augenblick kein streben oder Habenwollen und keinen Widerwillen, also auch kein Leid. Das ist ein erleuchteter Moment." (Maren Schneider 2014: S. 139)

Meditationsübungen

Diese einfachen Übungen helfen ihnen sich auf die Technik der Autosuggestion vorzubereiten, indem sie sich entspannen und lernen alle störenden Alltagsgedanken beiseite zu schieben.

Konzentration als Voraussetzung

„Meditation ist nur möglich, wenn Sie sich konzentrieren können. Konzentration stärkt die Gedankenströme. Einst nebelhaft verschwommene Ideen werden klar, und was schwierig, komplex und verwirrend war, wird leicht verständlich."

(Medidationstechniken: http://www.sivananda.eu/de/meditation/meditationstechniken.html Abrufdatum 19.10.2016)

Tratak

„Ist eine vorzügliche Konzentrationsübung. Sie starren dabei zunächst auf einen Gegenstand oder einen Punkt, ohne zu blinzeln. Dann schliessen Sie die Augen, und konzentrieren sich auf den Gegenstand vor Ihrem geistigen Auge. Die Übung erhöht die Aufmerksamkeit und führt schliesslich zu einpünktiger Konzentration."

(Medidationstechniken: http://www.sivananda.eu/de/meditation/meditationstechniken.html Abrufdatum 19.10.2016)

Konzentration auf eine Blume

„Stellen Sie sich mit geschlossenen Augen einen Garten mit vielen verschiedenen Blumen vor. Wenden Sie Ihre Aufmerksamkeit allmählich einer einzigen Blume zu. Visualisieren Sie Farbe, Form, Textur und Duft der Blume. Bleiben Sie darauf konzentriert, so lange es geht."

(Medidationstechniken: http://www.sivananda.eu/de/meditation/meditationstechniken.html Abrufdatum 19.10.2016)

Konzentration auf einen Laut

„Lauschen Sie dem Ticken einer Uhr. Wenn der Geist abschweift, führen Sie ihn zurück zu dem Laut. Sie können auch das deutlichste von mehreren Geräuschen auswählen und sich eine Weile darauf konzentrieren – wie ein Beobachter, also ohne darauf zu reagieren.

(Medidationstechniken: http://www.sivananda.eu/de/meditation/meditationstechniken.html Abrufdatum 19.10.2016)

Sie können alles erreichen

Wenn Sie die richtige Einstellung haben können Sie alles erreichen. Viele Menschen begraben ihre Träume mit der Aussage:" Ich habe kein Geld um mir je eine Villa zu kaufen."

Dabei haben Sie ganz vergessen, dass ihnen ja auch jemand eine Villa schenken könnte. Wie bereits in diesem Buch erwähnt, wenn die richtigen Glaubenssätze an ihr Unterbewusstsein gelangen, so wird das Unterbewusstsein diese 1:1 umsetzen, da es nicht logisch denken kann. Nachfolgende Geschichte aus der Praxis soll dies aufzeigen.

Eine Baslerin in Hollywood

Eine junge Baslerin studierte an der Universität Fribourg Journalistik, mit dem Ziel einer möglichen Filmkarriere. Als Sie nach dem Studium genug vom Drehen von Werbefilmen hatte, entschied Sie sich für ein Filmprojekt im Ausland. Gleichzeitig hat Sie sich auch an einer renommierten Schauspielerschule in Amerika beworben, jedoch nicht damit gerechnet, dass sie aufgenommen wird. Bekannte haben ihr mitgeteilt, dass die Chancen gleich Null stehen würden, da sich jährlich über 20 000 Kandidaten/innen bewerben. Noch bevor die Baslerin an ihr Filmprojekt ins Ausland abreiste, hat Sie fast am letzten Tag der Bewerbungsfrist ihrer Bewerbung den Poststempel verpasst und diese abgesendet. Kurz darauf hat sich die Schule aus Amerika gemeldet und ihr mitgeteilt, dass sie aufgenommen wird. Das hat sie sehr gefreut, doch das nächste Hindernis war das Geld für das Studium aufzubringen. Wie es der Zufall wollte hat sie einen Sponsor gefunden, welcher ihr ohne Bedingungen das Geld zur Verfügung gestellt hat. Die Stadt Basel hat sie ebenfalls mit einem grosszügigen Stipendium unterstützt. Nach erfolgreichem Studium und Filmkarriere verkauft dieselbe junge Baslerin heute erfolgreich Häuser und Villen in Hollywood (vgl. Stets bleiben noch Träume übrig, BAZ, 20. Oktober 2016).

Manche mögen jetzt vielleicht sagen, diese Frau hat einfach Glück gehabt. Andere erkennen jedoch auch die Wirkung und Kraft des Unterbewusstseins. Die junge Frau hätte sich auch sagen können: „Die Chance in der Schauspielschule aufgenommen zu werden sind gleich Null, Geld habe ich auch keines also bewerbe ich mich nicht". Mit so einer Antwort hätte sich Ihr Bewusstsein als Filter und Firewall eingeschaltet und verhindert, dass jegliche Glaubenssätze an das Unterbewusstsein gelangen können. Auch hätte dies verhindert dass die junge Frau ihre Bewerbung einreicht. Die Frau wurde jedoch aufgenommen, obwohl sie auch noch fast die Bewerbungsfrist verpasst hätte. Anscheinend wollte sie diese Schule auch wirklich besuchen obwohl sie nicht wusste wie finanzieren. Dieser Wunsch ist an ihr Unterbewusstsein gelangt, ohne dass sie sich wahrscheinlich der Techniken der Autosuggestion bewusst war. Damit hat sich alles gefügt und das Geld für das Studium ist von alleine gekommen. Das ist ein Hinweis, dass sie über ihr Denken und dem senden der richtigen Glaubenssätze an ihr Unterbewusstsein, alles erreichen können. Dies unabhängig davon wie ihr Leben heute aussieht und welchen Job oder Verdienst sie aktuell haben. Nutzen Sie die Kraft ihres Unterbewusstseins und wenden Sie die Techniken der Autosuggestion an!

Literaturverzeichnis

LAUR, Franziska 2016: *Stets bleiben noch Träume übrig*, in der Basler Zeitung BAZ vom 20. Oktober 2016, Basel, National Zeitung und Basler Nachrichten AG

MURPHY, Joseph 1962: *Die Macht Ihres Unterbewusstseins*, 11. Auflage, München, Ariston Verlag, S. 42, 44, 47, 48, 49, 50, 55, 57, 61, 66, 67, 69, 72, 98, 111, 130, 139, 141-143, 146-148, 158, 161, 180, 211, 228, 236, 239, 241, 242, 245, 248-249, 256-257, 281, 283, 297, 299, 300, 301, 303, 307

SCHNEIDER, Maren 2014: *Der kleine Alltagsbuddhist*, 3. Auflage, München, Gräfe und Unzer Verlag GmbH, S. 57, 59, 60, 61, 67, 68, 69, 71, 79, 80, 90, 94, 95, 99-102, 107, 111, 113, 129, 131, 134, 139

SIVANANDA.EU 2016: *Medidationstechniken*, [online], http://www.sivananda.eu/de/meditation/meditationstechniken.html, Abrufdatum 19.10.2016